정주영

정주영

남경완 글 임소희 그림

비룡소

세상에는 불가능해 보이는 일들이 있어요. 많은 사람들이 겁을 먹고 포기하지만 어떤 사람은 그 일에 도전해요. 여러 번 실패하더라도 끈질기게 도전해 기적과 같은 성공을 이루지요.

수많은 기적을 낳은 현대 기업의 정주영 회장은 누구나 기적을 만들 수 있다고 했어요. 한 번도 해 보지 않은 일에 자신감을 가지고 도전하는 개척 정신과 '시련은 있어도 실패는 없다.'는 마음가짐으로 마지막 순간까지 온 힘을 다하면 기적은 저절로 따라온다고 말했지요.

현대 건설은 세계 곳곳에 석유 정유 시설, 원자력 발전소, 고속 도로를 지으며 한국 기업의 우수성을 널리 알렸어요. 현대 자동차는 자동차의 고향인 미국에서 으뜸으로 평가되고, 현대 중공업에서 만든 배들은 지금 이 시간에도 전 세계의 바다를 누비고 있지요.
　작은 자동차 정비소에서 출발한 현대를 이처럼 세계에서 인정받는 기업으로 키워 낸 사람이 바로 정주영 회장이에요.

　정주영은 1915년 11월 25일, 지금은 북한 땅이 된 강원도 통천에서 태어났어요. 우리나라가 일본에 나라를 빼앗기고 얼마 지나지 않았을 무렵이었지요.
　주영의 아버지는 가난한 농부였어요. 부모님은 새벽 어스름 속에 논밭으로 나가 해 질 녘까지 농사를 지었어요. 농사일하는 틈틈이 소와 닭도 돌보았지요. 주영과 동생들도 돌밭을 고르고 꼴을 베며 부모님을 도왔어요.
　온 가족이 해 뜰 때부터 해 질 때까지 땀을 흘렸지만 살림살이는 좀처럼 나아지지 않았어요.

주영은 농사보다 나은 일을 하며 배부르게 먹고살고 싶었어요. 열아홉 살 때까지 일자리를 찾아 무려 네 번이나 가출을 했지요.

주영이 처음 집을 나갔을 때였어요. 아버지는 한 철도 공사장에서 일하고 있는 주영을 찾아와 간곡히 타일렀어요.

"주영아, 너는 맏이다. 맏이가 집안을 든든히 지켜야 집안이 무너지지 않는 법이야. 무슨 일이 있어도 너는 고향에 남아 아우들을 돌보아야 한다."

주영은 마지못해 집으로 돌아왔어요. 하지만 도시로 나가 돈을 벌고 싶은 마음은 쉽사리 가시지 않았어요.

이듬해 주영은 소 판 돈을 훔쳐 경성(지금의 서울)으로 갔어요. 아버지는 농사일도 버려둔 채 다시 주영을 찾아왔어요. 아버지는 주영의 손을 꼭 잡고 달랬어요.

"이 세상에 자식이 잘되기를 바라지 않는 부모가 어디 있겠느냐? 하지만 지금 경성엔 전문학교 나온 사람들도 일자리가 없어 고생이라더라. 겨우 소학교(지금의 초등학교)만 나온 네가 어떻게 일자리를 얻겠니? 주영아, 이제 아비 속 좀 그만 썩이고 열심히 농사지어라."

아버지의 눈물을 본 주영은 열심히 농사를 지어 보기로 마음을 다잡았어요.

　집으로 돌아온 주영은 아버지를 도와 논과 밭을 성실하게 돌보았어요.
　"이번엔 어디서 잡혔대?"
　"경성이라지 아마. 또 얼마나 가려나?"
　마을 어른들이 주영을 보며 수군거렸지만 주영은 보란 듯이 더 열심히 일했어요. 논에 물을 대고 모를 심고 피사리(잡초인 '피'를 뽑는 일)를 하느라 잠시도 쉴 틈이 없었어요. 주영은 어느새 샛별을 보며 논으로 나가서 저녁 별을 벗 삼아 들어오는 일에 익숙해졌어요.

　주영은 한여름 뙤약볕 아래서도 허리 한 번 펴지 못했어요. 한 끼 밥이라도 배불리 먹고 싶어서 틈틈이 밭을 갈고 씨를 뿌렸지요.
　하지만 식구가 열이나 되니 금세 쌀이 떨어졌어요. 흉년이라도 들면 굶주림은 더 심해졌어요. 아침엔 조밥을 해 먹고 점심은 거르고 저녁은 죽으로 간신히 때웠지요.

주영은 품만 많이 들 뿐, 계속 배를 곯는 농사일에 진저리가 났어요. 결국 열아홉 살 되던 해 봄, 네 번째로 집을 떠났지요. 주영의 마지막 가출이었어요.

주영은 여기저기 일자리를 찾아 기웃거리다 부둣가 공사장에서 일꾼을 구한다는 소식을 들었어요. 공사장 일은 농사일과 별다르지 않았어요. 새벽부터 밤까지 지게를 부려야 겨우 입에 풀칠할 수 있었어요. 엎친 데 덮쳐 장마가 시작되자 일거리마저 뚝 끊겼지요.

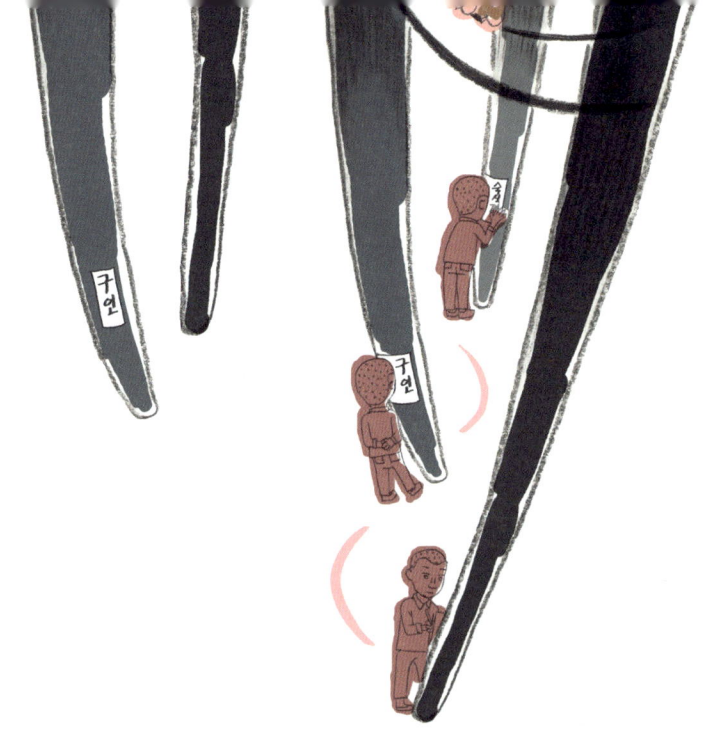

거리를 쏘다니며 일자리를 알아보던 어느 날, 주영은 엿 공장 문에 붙은 글을 보았어요. 공장에서 심부름을 하며 엿 만드는 기술을 배울 사람을 구하는 글이었어요.

'기술이 하나라도 있으면 앞일을 꾸리는 데 도움이 되지 않을까?'

주영은 무작정 엿 공장으로 가서 일을 시켜 달라고 졸랐어요. 하지만 일 년 가까이 잔심부름을 했는데도 주영은 엿 만드는 법을 배우지 못했어요. 돈도 적게 주었지요.

'돈을 모을 수 있는 일을 해야지, 이대로는 안되겠어.'

주영은 엿 공장을 그만두고 쌀 배달을 시작했어요. 항상 아침 일찍 일어나 쌀가게 앞을 깨끗이 쓸고 흙먼지가 일지 않도록 물을 뿌려 놓았어요. 손님이 오면 친절하게 맞이하고 쌀도 열심히 배달했지요. 손님들은 예의 바르고 부지런한 주영을 너 나 할 것 없이 칭찬했어요.

한 달이 지나고 주영은 첫 월급으로 쌀 한 가마니를 받았어요. 주영은 가장 먼저 아버지에게 소식을 전하고 싶었어요. 하지만 아버지가 또 데리러 올까 봐 그럴 수가 없었어요.
　집을 나온 뒤 삼 년쯤 지나자 주영은 일 년에 쌀 스무 가마니를 받게 되었어요. 그제야 주영은 집에 편지를 부쳤어요. 아버지는 잠시도 주영을 잊지 않고 있었다는 듯 금세 답장을 보내 주었지요.
　"네가 넉넉하게 잘 지낸다니 이처럼 기쁜 일이 어디 있겠느냐."

　주영이 처음부터 일을 잘한 것은 아니었어요. 쌀가게에 들어간 지 얼마 되지 않았을 때였어요. 어느 비 오는 날, 주인아저씨가 주영에게 쌀 배달을 시켰어요.
　주영은 자전거를 탈 줄은 알았지만, 무거운 쌀가마니를 싣고 미끄러운 빗길을 달릴 정도는 아니었어요. 하지만 차마 주인아저씨에게 "쌀 배달을 할 정도로 자전거를 잘 타지 못합니다."라고 말할 수가 없었어요.

주영은 일단 자전거에 쌀가마니를 싣고 나섰어요. 하지만 골목을 빠져나오려 방향을 틀다가 그만 나동그라지고 말았어요. 쌀가마니는 빗길에 굴러 엉망진창이 되었지요.

그 사고 뒤에, 주영은 선배 배달꾼을 졸라 자전거로 쌀 배달하는 법을 배웠어요.

쌀가마니는 자전거에 세워서 실어야지, 눕혀서 실으면 균형 잡기가 어려웠어요. 자전거에 쌀가마니를 매서도 안됐어요. 넘어질 때 쌀 무게 때문에 자전거가 망가질 수 있었거든요. 겉보기에 간단해 보이는 쌀 배달에도 공부하고 익혀야 할 게 있었어요.

남들이 보기에는 하찮고 단순한 쌀 배달이지만, 주영은 며칠 밤을 새워 가며 연습했어요. 최고의 배달꾼이 되기 위해 졸린 눈을 비비며 연습하고 또 연습했지요.

석 달 정도 지나자 주영은
한꺼번에 쌀 두 가마니를
싣고도 바람처럼 골목을
누비는 최고의 배달꾼
이 되었어요.

주영은 날마다 가게를 내 집처럼 쓸고 닦았어요. 쌀 배달이 끝나면 쌀가마니를 가지런히 정돈하고 어떤 곡식이 모자란지 돌아보았어요. 그러고서도 더 할 일이 없을까 가게 구석구석을 요리조리 살폈지요. 주영은 늘 더 하려야 더 할 것이 없도록 최선을 다했어요.

그 모습을 눈여겨보던 주인아저씨가 어느 날 주영을 불렀어요.

"이보게 주영이, 이 쌀가게를 맡아볼 생각은 없는가?"

주인아저씨는 말썽꾼 아들 때문에 울화병이 든 나머지 주영에게 가게를 넘겼어요.

"내 가게가 생기다니! 뭐부터 해야 할까?"

1937년, 가게를 넘겨받은 주영은 '경일 상회'라는 간판을 내걸었어요. 경성에서 제일가는 가게를 만들겠다는 뜻이었지요.

주영은 쌀 배달을 할 때처럼 손님 한 사람 한 사람을 정성을 다해 맞았어요. 손님은 나날이 늘었어요. 이대로 가면 서울이 아니라 전국에서 제일가는 쌀가게로 만들 수 있을 것 같았지요.

그런데 가게를 연 지 이 년이 지나지 않아, 일본이 곡식 사고파는 것을 막기 시작했어요. 당시 일본은 중국과 전쟁이 한창이었어요. 일본은 우리나라 곡식을 빼앗아 전쟁 식량으로 쓰려고 했지요.

하는 수 없이 주영은 가게 문을 닫고 고향으로 갔어요. 주영은 집에서 쉬며 새로운 일을 궁리했어요.

　이듬해 초 주영은 경성으로 돌아와 자동차 수리 공장을 세웠어요.
　"어서 오십쇼! 잘 오셨습니다. 새것처럼 고쳐 놓을 테니 염려 마세요."
　주영이 손님을 맞으면 솜씨 좋은 기술자들이 고장 난 자동차를 말끔히 고쳐 냈어요.
　주영은 자동차에 대해 아는 게 전혀 없었지만, 기술자들과 함께 먹고 자며 자동차의 부품과 구조를 하나씩 익혔어요. 기름투성이가 되어 밤늦게 곯아떨어지기 일쑤였지요. 그래도 주영은 힘든 줄 몰랐어요.

그러던 어느 날 여느 때처럼 공장에서 자고 일어난 주영은 세수할 물을 데우려고 난로에 기름을 부었어요. 갑자기 난롯불이 기름통에 옮겨붙었어요.

주영은 깜짝 놀라 불붙은 기름통을 던졌어요. 불길은 순식간에 솟아올라 기름이 잔뜩 밴 공장을 활활 태워 버렸어요.

공장은 순식간에 잿더미로 변했어요. 손님들이 맡긴 차는 모두 숯덩이가 되었고 주영은 하루아침에 빚더미에 올라앉았지요.

눈앞이 캄캄했지만 그대로 포기할 수는 없었어요. 주영은 마음을 굳게 먹고 공장을 세울 때 많은 돈을 빌렸던 영감님을 찾아갔어요.

"뜻하지 않게 불이 나는 바람에 공장을 몽땅 날리고 말았습니다. 이대로 그만두면 먼저 빌린 영감님 돈을 갚을 길이 없습니다. 제발 한 번만 더 도와주십시오."

주영은 낭떠러지에 매달린 심정으로 사정했어요.

아무 말 없이 주영을 바라보던 영감님이 한참 만에 입을 열었어요.

"나는 이날까지 신용만 보고 돈을 빌려줘 왔네. 그런데도 빌려준 돈을 떼인 적이 한 번도 없어. 그게 내 자랑이지. 그래, 좋네. 내 평생에 사람 잘못 봐서 돈 떼였다는 소리를 듣기는 나도 싫다네."

주영은 어렵사리 다시 공장을 지을 돈을 빌릴 수 있었어요. 쌀가게를 하며 쌓은 신용 덕분이었지요.

하지만 새로 자동차 수리 공장 허가를 받기란 몹시 까다로웠어요. 갚아야 할 빚은 산더미인데, 매일같이 순경이 찾아와서 당장 공장 문을 닫지 않으면 감옥에 잡아넣겠다고 으름장을 놓았어요.

주영은 포기하지 않았어요. 새벽마다 일본인 보안계장을 만나러 경찰서로 갔지요.

하루도 빼놓지 않고 아침마다 대문 앞에서 기다리기를 한 달, 결국 보안계장이 주영을 만나 주었어요.

"네 끈기에 졌다. 원래는 너를 잡아 가둬야 하지만 네 정성이 지극해서 모른 척해 주마. 대신 내 말대로 해라."

보안계장은 큰길가에서 공장이 안 보이도록 담을 쌓으라고 일러 주었어요.

한시름 놓은 주영은 쉴 틈 없이 일했어요. 차를 빠르게 고쳐 주자 손님이 늘어 빌린 돈도 모두 갚았지요.

하지만 나라 상황은 점점 나빠져만 갔어요. 일본은 태평양 전쟁에 쓸 무기를 만들기 위해 날붙이란 날붙이는 모두 거둬 갔어요. 또 강제로 공장을 합치고 문을 닫게 하는 바람에 주영은 공장을 그만두었어요.

1945년, 우리나라가 해방을 맞이하자 주영은 다시 공장을 열었어요. 현대를 향해서 발전된 미래를 살아 보자는 뜻으로 '현대 자동차 공업사'라는 간판도 새로 달았지요. 주영은 사업을 키울 희망에 넘쳤어요.

어느 날 주영은 자동차 수리비를 받으러 관청에 갔다가 눈을 번쩍 떴어요. 자동차를 고치고 받는 돈은 몇 백만 원인데, 건설업자들은 몇 천만 원씩 벌고 있었어요.

"건설 일을 해 보자. 노력하면 못할 건 없어."

"돈도 없고 경험도 없는데 어떻게 하려고요? 자동차 공장이나 잘 꾸립시다."

가족들은 주영이 잘 모르는 일에 뛰어드는 것을 한사코 말렸어요. 하지만 주영은 기어이 '현대 자동차 공업사' 간판 옆에 건설 회사 '현대 토건사' 간판을 하나 더 달았지요.

　그런데 얼마 안 있어 전쟁이 터졌어요. 북한군이 남쪽으로 넘어온 거예요. 북한군은 며칠 만에 경성까지 밀어닥쳤어요.

　주영은 동생 인영과 부랴부랴 피난길에 나섰어요. 밤낮없이 걷고 기차를 얻어 타며 간신히 대구에 도착했지요.

　전쟁이 끝날 기미는 좀처럼 보이지 않았어요. 주영은 뭐라도 나라에 보탬이 되는 일을 하고 싶었어요. 기자인 인영이 전쟁 소식을 알리는 신문을 만들자 기꺼이 신문 배달을 맡았지요. 주영은 군인들이 신문을 보고 용기를 낼 수 있도록 산을 오르내리며 신문을 배달했어요.

1953년 7월, 마침내 남한과 북한이 전쟁을 멈추기로 약속했어요. 삼 년 동안 전쟁을 치르며 무너진 도로와 다리를 고치는 일들도 하나둘 시작되었어요.

주영의 회사인 현대 건설(현대 토건사의 새 이름)은 대구와 거창을 잇는 다리인 고령교를 고치는 공사를 맡았어요. 하지만 시멘트 등의 건설 재료 값이 엄청나게 올랐어요. 전쟁 뒤라 공사할 곳은 많은데 재료가 부족했기 때문이지요.

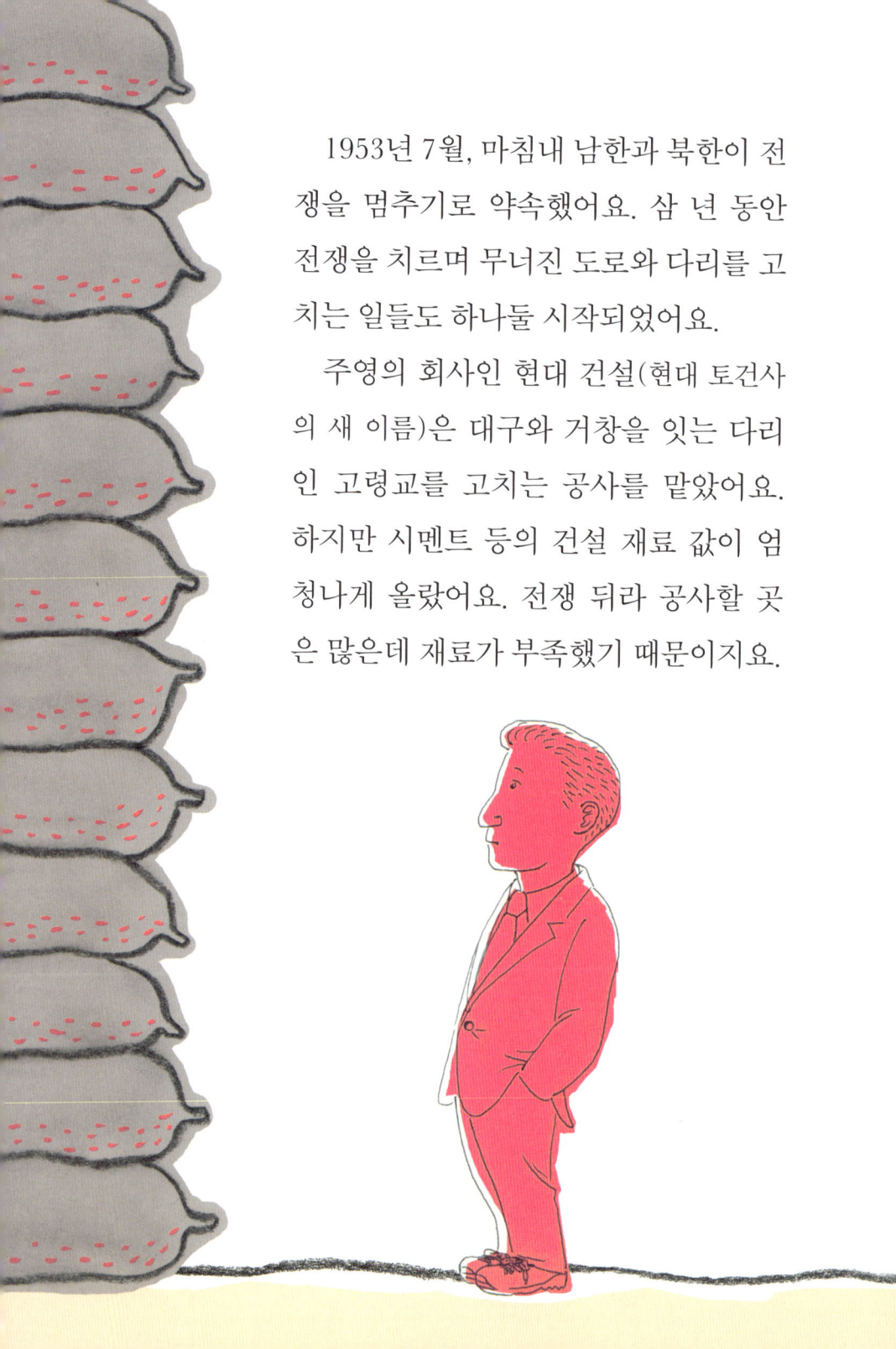

재료 값이 오르는 바람에 주영은 직원들 월급을 제때에 줄 수 없었어요. 빚쟁이들은 매일 회사로 몰려왔지요.

'아무리 빚을 많이 지더라도 반드시 공사를 마칠 거야. 신용이 있으면 돈은 언제든 벌 수 있어.'

주영은 집과 공장을 다 팔아 겨우 공사를 마쳤어요.

몇몇 사람들은 주영을 손가락질했어요. 주영은 그런 비난도 묵묵히 받아들였어요. 실패에서 배우면 그건 결코 실패가 아니라 공부라고 생각했기 때문이지요. 주영은 일감을 얻는 데만 힘썼지, 다른 부분을 미처 살피지 못했던 것을 되돌아보았어요.

주영의 생각대로 고령교 공사가 끝나자 사람들이 현대 건설을 믿을 만한 회사로 달리 보기 시작했어요. 곧 주영은 발전소를 세우고, 댐을 건설하게 되었어요.

현대 건설은 승승장구해 태국에 고속 도로를 놓았어요. 우리나라 회사가 맡은 최초의 해외 공사였지요.

"이 공사를 발판 삼아 세계로 뻗어 나가야겠어. 쉬운 일만 하고자 하면 회사도 나라도 발전할 수 없어."

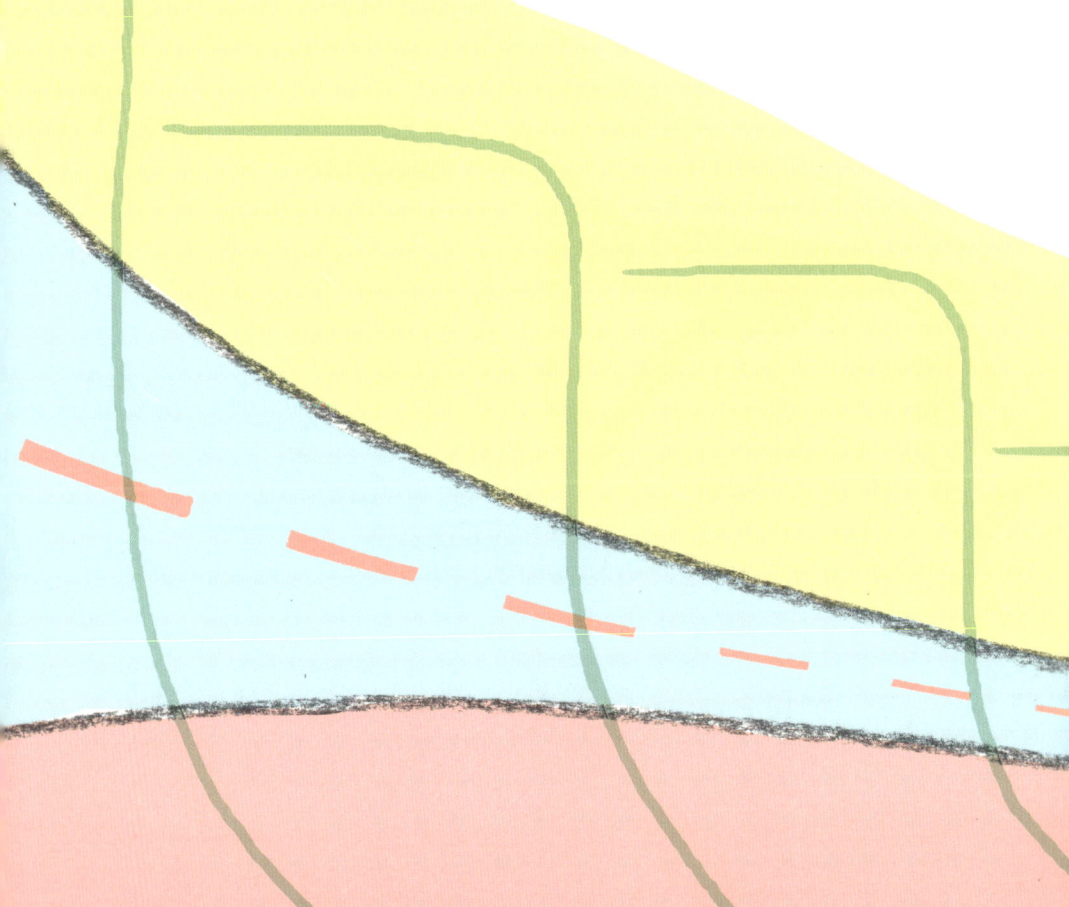

주영은 사우디아라비아에 산업용 항구를 만들었어요. 이 공사로 많은 일자리가 생기고 외화도 벌었어요.
주영은 배를 짓는 조선소도 세웠어요. 당시 우리나라에서 조선소를 짓는 것은 꿈같은 일이었어요. 큰 배를 만들어 본 경험도, 배를 만들 수 있는 기술자와 기계도 없었지요.
하지만 대통령은 우리나라가 발전하기 위해서는 배 만드는 기술이 반드시 필요하다고 생각했어요. 또 이 일에는 주영이 제격이라고 생각했지요.

주영은 일자리가 많고, 외화를 벌 수 있는 조선소가 꼭 필요하다고 생각했어요. 주영은 돈을 빌리기 위해 조선소 설계도를 가지고 영국으로 떠났어요.

하지만 아무도 처음 보는 한국인에게 돈을 빌려주려고 하지 않았어요. 주영은 설계도를 함께 만든 영국 회사의 회장에게 은행을 소개해 달라고 부탁했어요. 회장은 돈을 갚을 능력이 없어 보이는 한국에 돈을 빌려줄 은행을 찾기가 쉽지 않을 거라고 답했지요.

주영은 아무 말 없이 주머니에서 거북선이 그려진 지폐를 꺼냈어요.

"이것을 보시오. 이것이 우리의 거북선이오. 우리나라는 1500년대에 이미 이런 철갑선을 만들었소!"

그제야 회장은 주영이 돈을 빌릴 수 있도록 추천서를 써 주었어요. 주영은 멋지게 배를 만들어 그 믿음에 보답했어요.

　주영은 우리 기술로 자동차도 만들었어요. 차 이름은 조랑말이라는 뜻의 '포니'였어요. 포니는 연료가 적게 들고 우리나라에서 달리기 좋게 만들어져 인기가 많았어요.
　현대가 외국 기술로 처음 내놓은 차 '코티나'는 형편없었어요. 울퉁불퉁한 우리나라 길을 달리다 고장 나기 일쑤였지요. 그나마도 외국 회사가 기술을 제대로 알려 주려고 하지 않아 만들 때 애를 먹었어요. 하지만 주영은 실패를 아쉬워할 시간에 실패를 해결할 방법을 찾는 것이 낫다고 생각했어요. 포니는 실패에서 탄생한 것이나 다름없었지요.

1982년, 주영은 바다를 메워 나라의 땅을 넓히는 간척 사업에 뛰어들었어요.

'땅을 넓히면 그 땅에서 기른 쌀로 많은 사람들이 배불리 먹을 수 있을 텐데…….'

주영은 손톱이 닳을 정도로 돌밭을 일궈 한 뼘 한 뼘 농사지을 땅을 넓혔던 아버지를 떠올리며 일했어요.

간척 사업은 오랜 경험 없이는 힘든 일이었어요. 먼저 바닷물을 막을 둑을 세우고 바위와 흙을 쏟아부었어요. 하지만 아무리 바위와 흙을 쏟아부어도 마지막 삼백여 미터를 메울 수가 없었어요. 물살이 거세서 계속 바위와 흙이 쓸려 가 버린 거예요.

"회장님, 아무리 해도 물살을 막을 수가 없습니다."

그 말을 듣자 주영의 머릿속에 문득 조선소에서 본 낡은 배가 떠올랐어요. 헐어 무너뜨린 다음 고철로 쓰려던 배였지요. 주영은 그 배를 끌어다가 물살을 막고 여의도의 서른세 배나 되는 넓은 땅을 만들었어요.

주영의 도전은 멈추지 않았어요. 1992년, 주영은 대통령 선거에 나갔어요. 나라를 이끄는 정치인들의 마음과 행동이 바르지 않다고 생각했기 때문이에요. 점점 어려워지는 나라의 살림살이도 나아지게 하고 싶었지요. 또 남과 북이 서로 화해할 수 있도록 돕고 싶었어요.

사람들이 기업을 운영하는 것과 나라를 운영하는 것은 다르다며 주영을 말렸지만 주영은 듣지 않았어요.

결국 이번만은 주영의 뜻대로 되지 않았어요.

"비록 대통령 선거에는 떨어졌지만, 그렇다고 실패한 건 아니야. 회장으로서 기업을 잘 운영해 나라에 보탬이 되자."

주영은 자신이 잘하는 일을 다시 시작했어요.

　오래전부터 정주영 회장은 남과 북이 함께 잘사는 길을 궁리하고 있었어요. 금강산 관광 사업도 그중 하나였어요. 정주영 회장의 고향인 강원도에 있는 금강산은 아름답기로 손꼽히는 산이었어요. 정주영 회장은 우리나라의 아름다운 자연 유산을 남과 북이 함께 즐기며 화해해 나가기를 바랐어요.

오랜 노력 끝에 1998년 6월 16일, 정주영 회장은 휴전선을 넘었어요. 전 세계 사람들이 지켜보는 가운데 '통일 소'라고 이름 붙인 소 오백 마리를 몰고 고향으로 떠났지요. 어릴 적, 소 한 마리 판 돈을 들고 집을 나온 소년이 그 빚을 갚으러 소 떼를 몰고 간 거예요.

그해 가을, 금강산 관광이 시작되었어요. 정주영 회장의 바람대로 남한과 북한의 사이가 부드러워졌어요. 남과 북의 대표가 만나 여러 가지 문제를 의논하는 남북 정상 회담이 열리고 서로 흩어져 살던 이산가족이 만나는 자리도 만들어졌지요.

여러 차례 통일 소를 북한에 보내며 통일을 위해 노력한 정주영 회장은 2001년, 87세의 나이로 눈을 감았어요.

정주영 회장이 세상을 떠나고 오랜 시간이 흘렀어요. 하지만 많은 사람들이 지금도 정주영 회장을 떠올리고 그리워해요. 쌀 배달꾼으로 시작해 세계적인 기업을 일으킨 정주영 회장은 사람들 마음속에 할 수 있다는 자신감을 심어 주었어요.

"할 수 있다고 굳게 믿고, 중간에 포기하지 않고, 항상 긍정적으로 생각하면 누구나 무슨 일이든 뜻을 이룰 수 있습니다."

정주영 회장은 부둣가 공사장에서 일할 때 빈대로부터 삶의 교훈을 얻었다고 말했어요. 부둣가 공사장에는 사람 피를 빨아먹는 곤충인 빈대가 많았어요. 자고 일어나면 온몸이 빈대에 물려 있었지요.

처음에 정주영은 빈대를 피해 상에서 잠을 잤어요. 그러자 빈대가 상다리를 타고 올라왔지요.

어떻게 하면 빈대를 피할 수 있을까 고민한 끝에 정주영은 네 개의 상다리를 세숫대야 안에 놓았어요. 그러자 빈대들이 물에 빠져서 다가오지 못했어요.

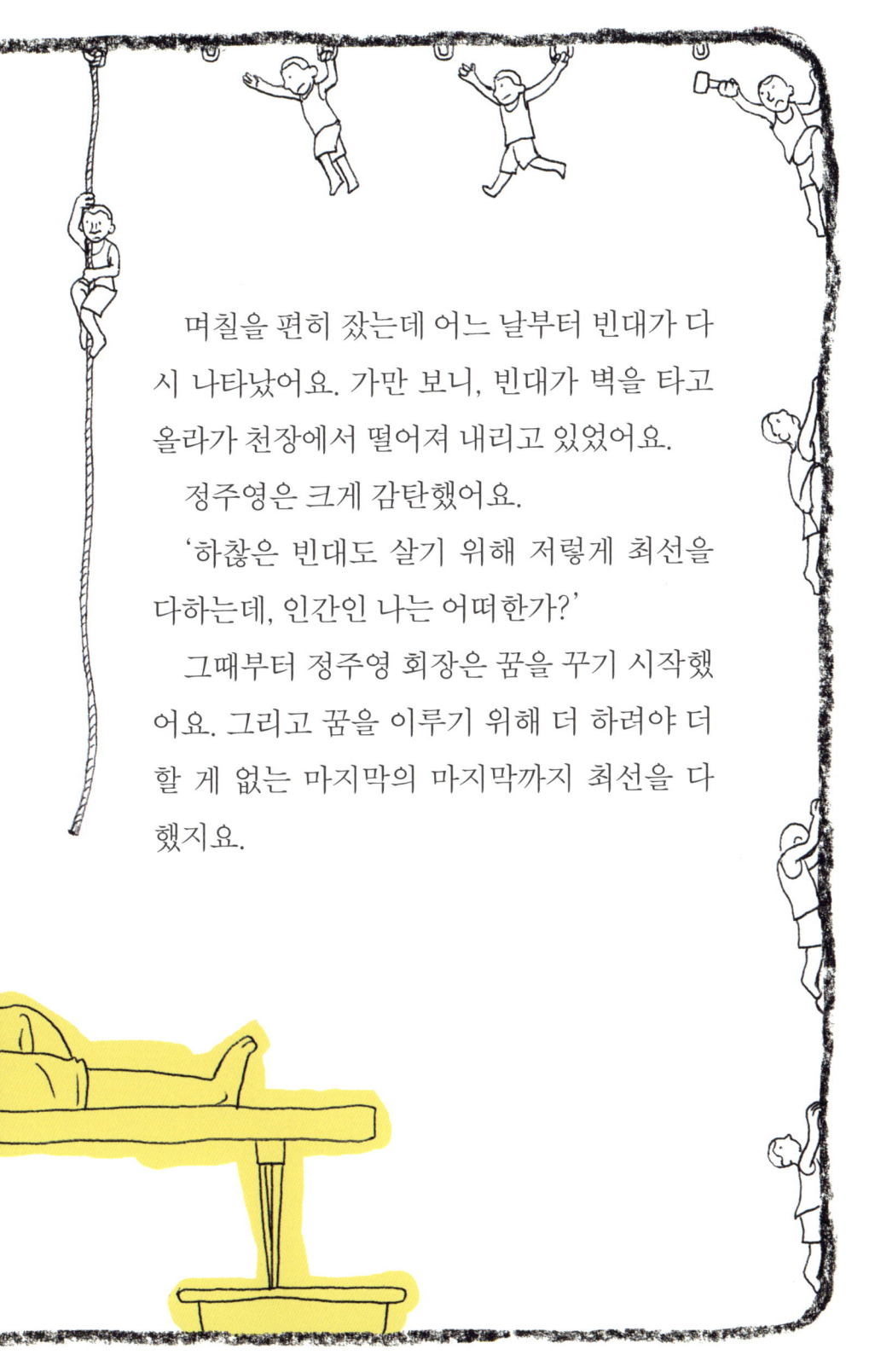

　며칠을 편히 잤는데 어느 날부터 빈대가 다시 나타났어요. 가만 보니, 빈대가 벽을 타고 올라가 천장에서 떨어져 내리고 있었어요.
　정주영은 크게 감탄했어요.
　'하찮은 빈대도 살기 위해 저렇게 최선을 다하는데, 인간인 나는 어떠한가?'
　그때부터 정주영 회장은 꿈을 꾸기 시작했어요. 그리고 꿈을 이루기 위해 더 하려야 더 할 게 없는 마지막의 마지막까지 최선을 다했지요.

♣ 사진으로 보는 정주영 이야기 ♣

"불가능은 없다!"

정주영은 지금의 초등학교인 소학교밖에 나오지 못했지만 우리나라를 대표하는 기업 중 하나인 현대를 일궈 냈어요. 다른 사람들이 이것저것 따지며 불평만 하고 있을 때 '할 수 있다'는 마음가짐으로 노력했기 때문이에요.

소양강 댐 공사를 맡았을 때 있었던 일이에요. 설계를 맡았던 일본 회사는 시멘트와 철근을 이용해서 콘크리트 댐을 만들자고 했어요. 하지만 정주영은 다른 나라

정주영은 '길이 없으면 길을 찾고, 찾아도 없으면 길을 닦아 나가면 된다'고 생각했어요. 서산 간척 공사를 할 때, 거센 물살을 배로 막는, 아무도 생각지 못한 방법으로 간척 공사를 성공시켰지요.

우리 기술로 만들어 낸 첫 번째 자동차 '포니'예요. 정주영은 "모든 일은 가능하다고 생각하는 사람만이 해낼 수 있다."고 말했어요. 외국 회사가 자동차 기술을 알려 주려고 하지 않았지만, 보란 듯이 우리 기술로 포니를 만들어 냈지요.

에서는 어떻게 댐을 짓는지 눈여겨보고, 구하기 어려운 시멘트와 철근 대신 자갈과 모래로 댐을 짓자고 했어요. 자갈과 모래로 댐을 만들면 비용도 적게 들고 폭격을 맞더라도 쉽게 무너지지 않았거든요. 일본 회사는 정주영을 비웃었지만, 정주영은 개의치 않았어요. 그리고 자갈과 모래를 사용해 튼튼한 소양강 댐을 만들어 냈어요.

서울과 부산을 잇는 경부 고속 도로를 만들 때도 어려움이 있었어요. 터널을 뚫을 때, 파기만 하면 쏟아지는 흙 때문에 고생이 이만저만이 아니었지요. 모두들 안 된다고 손사래를 쳤지만, 정주영은 골똘히 생각했어요. 그리고 흙을 파자마자 보통 시멘트보다 몇십 배 빨리 굳는 시멘트를 발라 가며 터널을 뚫었지요.

현대 자동차에서 우리 기술로 자동차를 만들 때도, 서산 간척

지에서 거센 물살에 흙이 쓸려 가 버릴 때도, 정주영은 결코 포기하지 않았어요. 비록 실패하더라도 거기서 얻은 경험으로 다시 도전하면 된다고 생각했거든요. 정주영은 "시련은 있어도 실패는 없다."고 말하며 마지막의 마지막까지 최선을 다했어요. 그것이 성공의 비결이라고 말했지요.

금수강산 금강산

강원도에 있는 금강산은 아름답기로 이름난 산이에요. 예부터 많은 예술가들이 금강산의 아름다움을 노래했어요. 조선 시대 작가인 정철의 가사「관동별곡」, 화가인 정선의「금강전도」를 보면 금강산의 아름다움을 흠뻑 느낄 수 있지요.

국보 제217호인 정선의「금강전도」예요. 정선이 그린 금강산 그림 중 가장 큰 그림이지요. 정선은 금강산의 아름다운 모습을 사실적으로 붓끝에 담아냈어요.

금강산은 철마다 다른 모습으로 봉래산, 풍악산, 개골산이라고 불리기도 해요. 주로 봄 이름인 금강산으로 불리는데, 금강산의 '금강'은 다이아몬드를 뜻해요. 꽃들이 만발한 금강산의 봄이 얼마나 아름다운지 느낄 수 있는 이름이지요.

금강산은 수풀이 우거진 여름에는 신선이 사는 산 중 하나라는 뜻의 봉래산으로 불리고, 가을에는 단풍이 물든 산이라는 뜻의

풍악산으로 불려요. 겨울에는 나무가 앙상하게 뼈만 남아 바위만 드러난다고 개골산이라고 불리지요. 금강산에는 일만 이천 봉우리가 있다고 할 정도로 수많은 봉우리와 특이한 모양의 바위들, 아름다운 폭포가 어우러져 있어요.

금강산은 높은 봉우리와 낮은 봉우리가 조화를 이루고 있어요. 사진은 금강산의 봉우리 중 하나인 '세존봉'의 모습이에요. 높이 1천 미터 이상의 웅장한 모습을 자랑하지요.

정주영은 고향 땅에 있는 금강산의 아름다움을 많은 사람들에게 알리고 싶었어요. 남한과 북한이 지금은 나뉘어 있지만, 금강산 관광을 통해 서로 교류하고 통일에 대한 꿈을 키워 나갈 수 있다

2003년 2월 14일, 육로 관광단이 금강산 온정각에 도착하자 북한 악단이 환영해 주는 모습이에요. 1998년부터 2008년까지 10년 동안 약 193만 명의 남한 관광객이 금강산에 다녀왔어요.

고 생각했지요. 정주영은 1989년에 북한에 다녀온 뒤로 금강산 관광을 위해 여러 노력을 기울였어요. 그 노력 덕분에 금강산의 아름다운 경치를 보고 즐길 수 있었지요. 1998년 금강산 관광이 시작된 뒤로 많은 사람들이 바닷길로, 혹은 비무장 지대를 통과하는 육로로 북한을 방문했어요. 2007년에는 개성 관광도 시작되어 관음사, 선죽교, 박연 폭포 등 북한의 이름난 곳들을 둘러볼 수 있었지요.

금강산 관광은 남북 관계가 나빠지며 지난 2008년 7월부터 중단되었어요. 하지만 통일을 위해 노력하는 사람이 더 많아진다면, 금수강산 금강산을 마음껏 즐길 수 있는 때가 올 거예요.

개성 공업 지구

금강산 관광을 시작으로 남한과 북한은 잦은 교류를 했어요.

개성 공업 지구의 모습이에요. 2016년 2월 운영이 중단되기 전까지 총 125개 사가 개성 공업 지구에 입주했었어요. 그곳에서 5만 5천여 명의 북측 노동자와 1천여 명의 남측 노동자가 함께 일을 했지요.

그리고 관광 사업 외에도 남한과 북한이 함께할 수 있는 일을 찾기 시작했지요. 고민 끝에 현대 기업과 북한은 북한의 대도시 중 하나인 개성시에 공장터를 닦아 운영하기로 했어요. 그래서 세워진 것이 바로 '개성 공업 지구'예요. 개성 공업 지구는 남한과 북한이 합의하여 개성시에 만든 공업 단지를 말해요.

개성시는 남한과 가장 가까운 북한의 대도시예요. 서울에서 차로 2시간 정도면 갈 수 있는 거리라고 해요. 고려 시대의 수도(당시 개경)였던지라 역사 유적이 많이 보존되어 있는 것으로 알려져 있어요.

2000년 8월부터 사업이 시작되었어요. 개성 공업 지구를 만들기 위해 남한은 자본과 기술을 들이고, 북한은 토지와 인력을 제공하며 서로 힘을 합쳤어요.

2004년 6월 남한의 15개 기업이 개성 공업 지구에 입주할 수 있게 되었어요. 이는 계속 늘어 2012년에는 123개 기업이 개성 공업 지구에 들어갔어요. 섬유, 금속, 전기, 전자, 화학, 식품 등 다양한 분야의 공장들이 만들어져 많은 일자리가 생겨났지요. 공장에서는 남한 사람과 북한 사람이 함께 일하며 여러 물건을 만들어 냈어요.

2016년 2월, 마찰을 빚던 남북 관계가 나빠지면서 결국 개성 공업 지구의 운영이 중단되었어요. 그곳에 들어섰던 남한 기업과 근로자들은 모든 기계와 장비들을 두고 나와야 했어요.

개성 공업 지구를 운영하는 것은 남북한 모두에게 좋은 일이었

경기도 파주시에 위치한 판문점의 모습이에요. 판문점은 이 지역의 이름이고, 공식 명칭은 '공동 경비 구역(JSA)'이에요. 남한과 북한을 가르는 군사 활동 한계선이 표시되어 있어, 상대측 지역으로 넘어갈 수 없어요.

어요. 남한의 기술과 북한의 노동력을 합쳐서 더 싸고 품질 좋은 물건을 만들 수 있었거든요. 또한 남한 사람과 북한 사람이 함께 일하며 서로가 한민족이라는 것을 느낄 수 있었지요. 남북 관계가 좋아져 다시 개성 공업 지구가 운영되기를 바라는 사람들이 아직도 많이 있어요.

통일을 위해 우리가 할 수 있는 일

많은 사람들이 통일을 바라고 있어요. 남한과 북한은 오랜 역사와 전통을 나누고 있는 하나의 공동체이기 때문이에요. 통일이 되면 분단으로 인해 어쩔 수 없이 헤어진 가족들이 자유롭게 만나

2018년 강원도 평창에서 열린 동계 올림픽에서는 남한과 북한이 남북 단일팀을 이뤄 경기에 나가기도 했어요. 응원단은 한반도기를 흔들며 큰 목소리로 하나가 된 '코리아' 팀을 응원했지요.

고 함께 살 수 있어요. 또 전쟁이 일어날 걱정도 없어지지요. 전쟁을 막기 위해 드는 노력을 평화와 발전을 위해 쓸 수 있기 때문에 통일은 꼭 필요해요.

  우리 모두가 통일에 대해 관심을 가지고 노력한다면 통일을 앞당길 수 있어요. 통일을 위해 우리가 할 수 있는 일은 무엇일까요?

  먼저 다른 사람을 배려해요. 나와 다른 사람을 이해하는 태도를 기르면, 통일이 되었을 때 남한과 북한의 다른 점을 이해하고 더불어 살아가기 쉬워요.

  북한을 올바르게 아는 것도 중요해요. 북한을 가난한 나라로만 아는 사람보다는 북한 사람들은 어떤 말을 쓰고 어떻게 생활하는지 잘 아는 사람이 북한 사람들과 친구가 되기 훨씬 쉬울 거예요.

  주변에 북한에서 온 친구들이 있다면 관심을 가지고 친구가 되어 주세요. 따뜻한 말과 작은 친절을 건네는 일이 통일을 앞당기는 첫걸음이 될 수 있어요.

함께 보면 쏙쏙 이해되는 역사

◆ 1915년
강원도 통천에서 태어남.

◆ 1934년
복흥 상회의 쌀 배달꾼이 됨.

◆ 1937년
쌀가게를 맡아 '경일 상회'로 이름을 고침.

1910   **1930**

● 1910년
일본에 나라를 빼앗김.

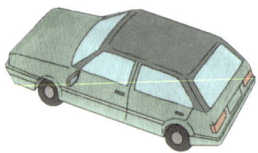

◆ 1970년
경부 고속 도로를 만듦.

◆ 1965년
태국에 고속 도로를 놓으며 우리나라 기업 최초로 해외 건설 공사를 맡음.

◆ 1974년
울산에 조선소를 세움.

◆ 1976년
자동차 '포니'를 출시함.

1960   **1970**

◆ 정주영의 생애
● 우리나라 남북 관계의 역사

◆ 1940년
자동차 수리 공장을 세움.

◆ 1946년
현대 자동차 공업사를 세움.

◆ 1947년
현대 토건사를 세움.

◆ 1950년
현대 자동차 공업사와 현대 토건사를 합치고 '현대 건설'로 이름을 바꿈.

◆ 1955년
고령교 공사를 마무리함.

1940　　　　　　　　**1950**

● 1945년
일본의 항복으로 해방을 맞음.

● 1948년
남한 단독 정부를 세움. 이승만이 초대 대통령이 됨.

● 1950년
육이오 전쟁이 시작됨.

● 1953년
남한과 북한 사이에 휴전이 이루어짐.

◆ 1992년
대통령 선거에 나감.

◆ 1998년
소 500마리를 이끌고 북한을 방문함.

◆ 2001년
세상을 떠남.

1990　　　　　　　　**2000~**

● 1998년
금강산 관광이 시작됨.

● 2004년
남한의 15개 기업이 개성 공업 지구에 입주함.

● 2007년
개성 관광이 시작됨.

● 2016년
개성 공업 지구 운영이 중단됨.

추천사

「새싹 인물전」을
펴내면서

　요즈음 아이들에게 '훌륭한 사람'이 누구냐고 물으면 '돈 많이 버는 사람'이라고 대답한다고 합니다. 초등학생의 태반은 가수나 배우가 되고 싶어 하고요. 돈 많이 버는 사람이나 연예인이라는 직업이 나쁘다는 것이 아니라, 아이들이 각자가 갖고 있는 재능과는 상관없이 모두 똑같은 꿈을 갖는 것 같아 걱정입니다. 또 한편으로는 아이들이 진정 마음으로 닮고 싶은 사람에 대한 정보가 부족한 것은 아닌가 하는 생각도 듭니다.
　어릴수록 위인 이야기의 힘은 큽니다. 아직 어리고 조그마한 아이들은 자신이 보잘것없다고 생각하고 위인들의 성공에 감탄합니다. 하지만 그네들에게는 끝없이 열린 미래가 있습니다. 신화처럼 빛나는 위인들의 모습은 아이들에게 훌륭한 역할 모델이 되고, 그런 삶을 살기 위해 무엇을 어떻게 해야 할지를 알려 주는 밝은 등대가 됩니다.
　그렇다면 우리가 어른으로서 아이들에게 권해야 할 위인전은 무엇일까요? 보통 우리가 생각하는 '위인'은 훌륭한 업적을 남긴

위대한 사람, 멋지고 능력 있는 사람입니다. 하지만 시대가 변했으니 아이들이 역할 모델로 삼을 수 있는 위인의 정의나 기준도 변해야 할 것입니다.

　그런 의미에서 비룡소의 「새싹 인물전」은 종래의 위인전과는 다른 점이 많습니다. 시리즈 이름이 '위인전'이 아닌 '인물전'이라는 데 주목하기 바랍니다. 「새싹 인물전」은 하늘에서 빛나는 위인을 옆자리 짝꿍의 위치로 내려놓습니다. 만화 같은 친근한 일러스트는 자칫 생소할 수 있는 옛사람들의 이야기를 일상에서 만날 수 있는 재미있는 사건처럼 보여 줍니다.

　또 하나, 「새싹 인물전」에는 위인전에 단골로 등장하는 태몽이나 어린 시절의 비범한 에피소드, 위인 예정설 같은 과장이 없습니다. 사실 이런 이야기들은 현대를 사는 아이들에게는 황당하고 이해하기 힘든 일일 뿐입니다. 그보다는 천 리 길도 한 걸음부터, 큰 성공도 자잘한 일상의 인내와 성실함이 없었다면 이루어질 수 없었다는 것을 알려 주는 것이 중요합니다. 세상 사람들의 우러름을 받는 이들도 여느 아이들과 같은 시절을 겪었음을 보여 줌으로써, 아이들에게 괜한 열등감을 주지 않고 그네들의 모습을 마음속에 담을 수 있도록 해 주는 것입니다.

 덧붙여 위인전이란 그 인물이 얼마나 훌륭한 업적을 남겼는가 보여 주는 것도 중요하지만, 얼마나 참된 인간다움을 보였는가를 알려 줄 필요도 있습니다. 여기서 '인간다움'이란 기본적인 선함과 이해심, 남을 위해 봉사할 수 있는 사랑과 배려, 그리고 한 가지 목표를 설정하고 앞으로 나아갈 수 있는 의지와 용기를 말합니다. 성취라는 결과보다는 성취하기 위한 과정을 보여 주고, 사회적인 성공보다는 한 인간으로서 얼마나 자기 자신에게 철저하고 진실했는지를 보여 주는 것이 중요하다는 것입니다.

 하지만 아무리 좋은 가르침도 사랑과 따뜻함이 없으면 억누름과 상처가 될 뿐이겠지요. 「새싹 인물전」은 나의 노력과 의지에 따라 얼마든지 의미 있는 삶을 살 수 있음을 알려 줍니다. 내가 알고 있는 삶 외에도 또 다른 삶이 존재할 수 있다는 것, 꿈을 키우고 이루어 가는 과정에서 배우고 경험하게 되는 것들의 가치, 그런 따뜻함을 담고 있는 위인전입니다. 부디 이 책이 삶의 첫발을 내딛는 아이들에게 좋은 길잡이가 되었으면 하는 바람입니다.

기획 위원

박이문(전 연세대 교수, 철학)
장영희(전 서강대 교수, 영문학)
안광복(중동고 철학 교사, 철학 박사)

● 사진 제공
54쪽_ 『건설자 정주영』. 55쪽_ ⓒCharles01/ 위키피디아. 56쪽, 57쪽(위)_ 위키피디아. 57쪽(아래), 61쪽_ 연합 뉴스. 58쪽_ ⓒMimura/ 위키피디아. 59쪽_ ⓒFoxy1219/ 위키피디아. 60쪽_ ⓒGlobaljuggler/ 위키피디아.

글쓴이 **남경완**

중앙 대학교에서 문학을, 한양 대학교 대학원에서 문화 인류학을 공부했다. 1996년 《현대문학》을 통해 시인으로 등단했다. EBS 다큐멘터리 작가로서 「공존의 그늘」로 '이달의 좋은 프로그램' 상을 받았고, 한국-노르웨이 공동 기획 다큐멘터리 「피오르드와 리아스」 제작에 참여했다. 2007년 현대건설 60년 사사 작가로 참여해 세계 여러 나라의 건설 현장을 직접 취재했다. 지은 책으로 『스티브 잡스』, 『거북선』이 있다.

그린이 **임소희**

어린이 책에 그림을 그리고 만화도 그린다. 지은 책으로 『재일동포 리정애의 서울 체류기』가 있으며 그린 책으로 『윤동주, 별을 노래하는 마음』, 『유일한』(공저), 『윤봉길』(공저) 등이 있다.

새싹 인물전 **정주영**
047

1판 1쇄 펴냄 2012년 3월 30일　1판 11쇄 펴냄 2020년 5월 22일
2판 1쇄 펴냄 2021년 5월 28일　2판 2쇄 펴냄 2022년 5월 30일

글쓴이 남경완　그린이 임소희
펴낸이 박상희　편집장 전지선　편집 송재형　디자인 박연미, 이유림
펴낸곳 (주)비룡소　출판등록 1994.3.17. (제16-849호)
주소 06027 서울시 강남구 도산대로1길 62 강남출판문화센터 4층
전화 영업 02)515-2000 팩스 02)515-2007 편집 02)3443-4318, 9　홈페이지 www.bir.co.kr
제품명 어린이용 각양장 도서　제조자명 (주)비룡소　제조국명 대한민국　사용연령 3세 이상

ⓒ 남경완, 임소희, 2012. Printed in Seoul, Korea

ISBN 978-89-491-2927-3 74990
ISBN 978-89-491-2880-1 (세트)

「새싹 인물전」 시리즈

- 001 **최무선** 김종렬 글 이경석 그림
- 002 **안네 프랑크** 해리엇 캐스터 글 헬레나 오웬 그림
- 003 **나운규** 남찬숙 글 유승하 그림
- 004 **마리 퀴리** 캐런 월리스 글 닉 워드 그림
- 005 **유일한** 임사라 글 김홍모·임소희 그림
- 006 **윈스턴 처칠** 해리엇 캐스터 글 린 윌리 그림
- 007 **김홍도** 유타루 글 김홍모 그림
- 008 **토머스 에디슨** 캐런 월리스 글 피터 켄트 그림
- 009 **강감찬** 한정기 글 이홍기 그림
- 010 **마하트마 간디** 에마 피시엘 글 리처드 모건 그림
- 011 **세종 대왕** 김선희 글 한지선 그림
- 012 **클레오파트라** 해리엇 캐스터 글 리처드 모건 그림
- 013 **김구** 김종렬 글 이경석 그림
- 014 **헨리 포드** 피터 켄트 글·그림
- 015 **장보고** 이옥수 글 원혜진 그림
- 016 **모차르트** 해리엇 캐스터 글 피터 켄트 그림
- 017 **선덕 여왕** 남찬숙 글 한지선 그림
- 018 **헬렌 켈러** 해리엇 캐스터 글 닉 워드 그림
- 019 **김정호** 김선희 글 서영아 그림
- 020 **로버트 스콧** 에마 피시엘 글 데이브 맥타가트 그림
- 021 **방정환** 유타루 글 이경석 그림
- 022 **나이팅게일** 에마 피시엘 글 피터 켄트 그림
- 023 **신사임당** 이옥수 글 변영미 그림
- 024 **안데르센** 에마 피시엘 글 닉 워드 그림
- 025 **김만덕** 공지희 글 장차현실 그림
- 026 **셰익스피어** 에마 피시엘 글 마틴 렘프리 그림
- 027 **안중근** 남찬숙 글 곽성화 그림
- 028 **카이사르** 에마 피시엘 글 레슬리 뷔시커 그림
- 029 **백남준** 공지희 글 김수박 그림
- 030 **파스퇴르** 캐런 월리스 글 레슬리 뷔시커 그림
- 031 **유관순** 유은실 글 곽성화 그림
- 032 **알렉산더 벨** 에마 피시엘 글 레슬리 뷔시커 그림
- 033 **윤봉길** 김선희 글 김홍모·임소희 그림
- 034 **루이 브라유** 테사 포터 글 헬레나 오웬 그림
- 035 **정약용** 김은미 글 홍선주 그림
- 036 **제임스 와트** 니컬라 백스터 글 마틴 렘프리 그림
- 037 **장영실** 유타루 글 이경석 그림
- 038 **마틴 루서 킹** 베르나 윌킨스 글 린 윌리 그림
- 039 **허준** 유타루 글 이홍기 그림
- 040 **라이트 형제** 김종렬 글 안희건 그림
- 041 **박에스더** 이은정 글 곽성화 그림
- 042 **주몽** 김종렬 글 김홍모 그림
- 043 **광개토 대왕** 김종렬 글 탁영호 그림
- 044 **박지원** 김종광 글 백보현 그림
- 045 **허난설헌** 김은미 글 유승하 그림
- 046 **링컨** 이명랑 글 오승민 그림
- 047 **정주영** 남경완 글 임소희 그림
- 048 **이호왕** 이영서 글 김홍모 그림
- 049 **어밀리아 에어하트** 조경숙 글 원혜진 그림
- 050 **최은희** 김혜연 글 한지선 그림
- 051 **주시경** 이은정 글 김혜리 그림
- 052 **이태영** 공지희 글 민은정 그림
- 053 **이순신** 김종렬 글 백보현 그림
- 054 **오드리 헵번** 이은정 글 정진희 그림
- 055 **제인 구달** 유은실 글 서영아 그림
- 056 **가브리엘 샤넬** 김선희 글 민은정 그림
- 057 **장 앙리 파브르** 유타루 글 하민석 그림
- 058 **정조 대왕** 김종렬 글 민은정 그림
- 059 **나폴레옹 보나파르트** 남찬숙 글 남궁선하 그림
- 060 **이종욱** 이은정 글 우지현 그림

061 **박완서** 유은실 글 이윤희 그림
062 **장기려** 유타루 글 정문주 그림
063 **김대건** 전현정 글 홍선주 그림
064 **권기옥** 강정연 글 오영은 그림
065 **왕가리 마타이** 남찬숙 글 윤정미 그림
066 **전형필** 김혜연 글 한지선 그림

* 계속 출간됩니다.